2 旋風戰鬥陀螺的祕密

數感小學
冒險系列

目 錄

這本故事是在說……

坐在教室上課1小時，真希望1小時只有5分鐘，就能趕快下課；
爸媽讓你玩1小時，又希望1小時能有500分鐘，才能玩久一點。

1小時有幾分鐘，不能彈性一點嗎？不知道誰規定1小時60分
鐘這個奇怪的數字，又不是考試及格60分。小哲在班上提議，
不如改成1天是10小時，1小時100分鐘，1分鐘有100秒！班
上同學都很贊成，你想不想也在班上推動看看呢？

等等，先趕快翻開來，看看小哲他們的結果會怎麼樣吧。

人物介紹

叮叮

丁小美的綽號，就讀春日小學三年級，常在媽媽開的「慢慢等」早餐店幫忙，算術好，行動力強。

紅髮大姐姐

她講一口怪裡怪氣的國語，出現在很奇妙的地方，出一堆讓人摸不著頭緒的問題。總之，她看起來，本身就是一道謎。

故事提要 開學第一天，小哲不但差點遲到、還被神祕人物跟蹤。不管啦，趕快加入旋風戰鬥陀螺大戰，不過小哲連「時間」都搞不清楚，要怎麼挑戰白熊的陀螺王！別擔心，班上來個主修宇宙數學的代課老師，不但要讓你好看的教，還要成立一個絕無僅有的……

小哲

蔡維哲的外號，從小跟著爸爸做訂製款的高級自行車，喜歡研究機械構造、組裝模型，更愛動手做。

白熊

熊大為的身材像大熊，是溫暖的男孩，他蒐集了各式各樣的百科全書，立志將來也要寫一套自己的百科全書。

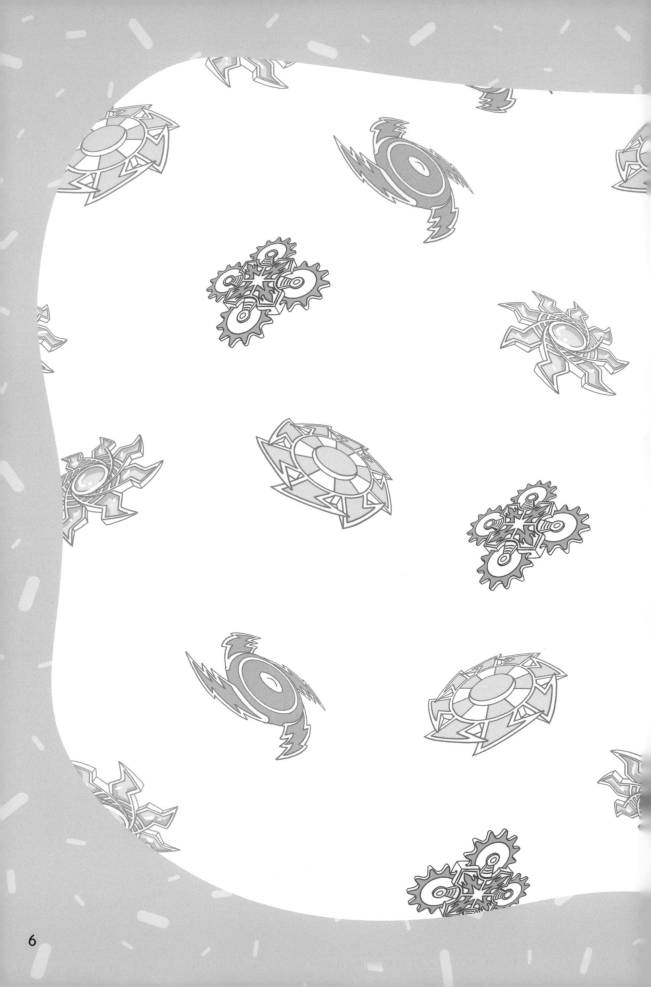

第一章

旋風戰鬥陀螺
的祕密

　　九月一到、暑假結束，春田小學開學了。

　　7點鐘聲響完，小哲也把小摺停好，一輛炫紅跑車停在他身旁，降下車窗：「哈囉，又見面了。」

　　「妳跟蹤我？」

　　是昨天見過的紅髮大姐姐，兩個大耳環叮噹響：「窩是新老師。」

　　「新老師，天哪～」

　　一個怪腔怪調的姐姐來當他們的老師？

　　「她……她……」小哲驚恐的叫聲，從校門響到三年愛班教室門口。

他驚魂未定，以為兩個月不見的同學們，必定蜂擁而來。但是，三年愛班的孩子圍成一圈，沒人理他。

小哲走進一看，他的好朋友白熊盯著錶，旁邊的叮叮在報數：「58，59，60，61……」

哈，大家在玩旋風戰鬥陀螺，看誰的陀螺轉得久。小哲書包裡也有個剛買的陀螺，他才拿出來，人群中就發出一陣歡呼：「阿志的倒了。」

另一個陀螺還在轉：「78，79……85……99……126。」

「哇，好厲害！」

「126秒！」

教室裡響起一陣喝采，大家都說白熊好厲害。

小哲提議：「我也要比賽，我的陀螺能轉1分鐘。」

　　「1分鐘，太少了。」落敗的阿志說。

　　「我剛才轉了126秒。」白熊笑嘻嘻：「比2分鐘還多6秒。」

　　「126秒，不是才1分26秒嗎？」

　　叮叮拍額頭：「小哲同學，時間不是這麼算的，你在巧克力工廠學過了，它是**六十進位**。」

　　「一下子十進位、一下子六十進位，我哪記得住。」小哲把陀螺放到桌子上：「我跟你們比，不要管時間進位，誰的陀螺停了，誰就輸。」

　　白熊點點頭：「這是好方法，但還是要有紀錄，才知道誰是第一名。」

比賽重新開始，四顆陀螺加入戰局。

紅色的是阿志，藍色的是小哲。阿光的陀螺像火車，嗚嗚嗚的叫。白熊的陀螺沒有彩色，透出藍白色光芒，靜靜的、平穩的轉呀轉。

阿志的陀螺在 99 秒時停止，阿光的撐到了 107 秒，小哲寄以厚望的藍陀螺數到 114 停下來，白熊的仍在轉呀轉……

最後。「186 秒，哇～比剛才又多了 60 秒。」

「陀螺王！陀螺王！」

歡呼聲裡，小哲不服氣的解釋：「我剛剛手滑了一下，再比一次，我一定不會輸。」

　　叮叮哼了一聲：「男子漢大丈夫，輸了別賴皮，你的陀螺連 2 分鐘都達不到，你還好意思找人比？」

　　「白熊也沒有多厲害啊，他只有 186 秒。」

　　「186 秒，有 3 分多鐘。」叮叮搖搖頭：「你是數學不好，還是記憶不好。記清楚，時間是六十進位。」

 才過一集，小哲又忘了時間是 60 個一數，第一名的白熊其實是：

186 秒 ＝ 3×60 ＋ 6 ＝ 3 分鐘 6 秒

聰明的你應該沒忘了時間是六十進位，
那教教小哲把大家比賽的秒數轉換成幾分鐘幾秒。

小哲 114 秒 ＝ ?

阿光 107 秒 ＝ ?

阿志 99 秒 ＝ ?

　　「為什麼時間是用這麼怪的進位法？」小哲看看叮叮：「妳的數學好，妳說。」

　　「啊……」叮叮愣住了，她知道 1 小時 60 分、1 分 60 秒，但是為什麼呢？

　　這時候只有找白熊了，但是白熊搔搔頭，他也在想：「為什麼不是 1 小時 100 分鐘呢？」

阿光說：「那是古人規定的嘛。」

「如果古人規定錯了呢？」小哲還是不服氣。

阿志堅持：「古人不會錯的。」

阿光勸小哲：「你不要有那麼多疑問嘛，進位一改，鐘錶店老闆就傷腦筋了。」

白熊指著牆上的時鐘說：「鐘上每個數字之間有 5 格，並且有 12 個數字分別代表 12 小時，所以 5×12 等於 60 格。如果變成 100 分鐘，每個數字之間要放幾格？」

小哲立刻心算：「8 格的話，乘以 12，只有 96 格；9 格乘 12，變成 108 格，超過 100 了。啊～是我剛才改得不夠好，應該連小時也要改。你們看，現在 1 天 24 小時，24 真是個莫名其妙的數字，只要改成 1 天 10 個小時就好啦。」

時鐘上有 12 個數字，數字之間格數改成：

① 每個數字之間 8 格 → 8×12=96　不足 100 格。

② 每個數字之間 9 格 → 9×12=108 超過 100 格。

小哲說時鐘改成 10 個數字，數字之間改成 10 格：

1 天 10 小時，1 小時 100 分鐘，1 分鐘 ？ 秒。

咦～ 小哲少說了 1 分鐘幾秒，那你覺得是幾秒呢？

三年愛班的孩子，同時望望時鐘、回頭望望小哲。

　　「我提議，從這個學期開始，我們班用十進位來計算時間。」小哲愈說愈興奮：「1小時100分鐘、1分鐘100秒，這樣好不好？」

　　「好～」全班的同學好開心。

　　這陣好裡，夾雜了一個奇怪的口音，他們轉頭，門口有位紅髮大姐姐，穿著俐落的套裝。

　　「泥們老師今天請假，窩是代課老師。」

　　「老師？一個外國人來當我們老師？」

　　小哲想起來：「我剛才就想告訴你們……」

紅髮大姐姐擠進人群裡，很開心的說：「窩叫鳳凰露露，窩在大學主要學的是**宇宙通用簡易訊息學**。」

　　「什麼宇宙、什麼通用……」全班孩子的下巴都快掉到地上了：「太複雜了。」

　　「沒那麼複雜，這門課簡稱宇宙數學。」

　　「我連國小數學都考不好了，還宇宙數學咧～」沒人注意小哲的碎碎唸。因為鳳凰露露在解釋時間：「法國大革命的時候，那群年輕小伙子跟你們一樣，覺得時間的六十進位太麻煩，決定把它改了。」

　　「那群小伙子？」叮叮覺得奇怪：「難道妳認識那些人？」

　　「當然啊！」她把地上的陀螺拿到講桌，那是小哲的藍陀螺，手指輕輕一指，陀螺竟然轉了起來，她又打開金色大包包，從裡頭拿出一個巨大的鐘。

　　「哇～」三年愛班的孩子驚呼著。好大的鐘，但是那包包怎麼放得下呢？

鳳凰露露的手放在鐘上：「泥們運氣真好，窩今天出門剛好帶了法國革命鐘。法國大革命時，塔們除了推行民主自由、推翻舊制度，連時間都想改成 1 天 10 小時、1 小時 100 分鐘、1 分鐘 100 秒。」

小哲怯怯的問：「這樣 1 天有幾秒？」

叮叮立刻算出來：「10 萬秒。」

法國大革命的 1 天＝
1×10×100×100 = 100000 秒

鳳凰露露笑著點點頭：「誰知道現在 1 天有幾秒？」

叮叮立刻又舉手了：「現在的 **1 天 = 1×24×60×60 = 86400 秒**」但是她想到：「法國人的 1 天比較長嗎？」

「1 天的長度是太陽上升又落下的時間，所以不管怎麼量，時間都還是一樣長。就像泥的身高是 120 公分，不管是用哪種尺來量，真正的高度都不會變。」

白熊想了想：「如果 1 天 10 萬秒，並不是時間變長了，而是 1 秒代表的時間長度變得更短了。就像用毫米來量叮叮的身高，叮叮有 1200 毫米高，卻不能說她長高了。」

小哲舉一反三：「用公克來幫叮叮量體重，體重就會從 27 公斤變成 27000 公克，這樣子叮叮有變胖嗎？」

「沒有！」叮叮沒好氣的說：「拜託，我有變胖嗎？不管是 27 公斤還是 27000 公克，都是一樣好嗎？」

「既然大家都同意，窩們班就把 1 小時改成 100 分鐘、1 分鐘改成 100 秒，好不好？」鳳凰露露問。

「好！」三年愛班興奮的聲音，幾乎可以把屋頂掀翻了。

老祖宗的時時刻刻

　　有聽過古裝劇裡面常常講的「**時辰已到**」這句話嗎？它隱含了古人計算時間的方式。古代的一天分成 12 個時辰，分別用 12 個字來表示。

子時（外圈）從晚上 11 點到隔天凌晨 1 點開始，經過了丑、寅……再到午時（內圈，上午 11 點到下午 1 點），接著未、申……到了亥、子。

　　第一個時辰「子時」，代表的是晚上 11 點到隔天凌晨 1 點。之後依序是丑、寅……，到第 7 個午時，是上午 11 點到下午 1 點，當中過了 12 個小時。

　　還有聽過「**半夜三更**」的說法嗎？這又是指幾點呢？古人把晚上 7 點到隔天早上 5 點分成 5 更。晚上 7 點到 9 點、9 點到 11 點……3 點到 5 點，是不是剛好跟 5 個時辰「戌、亥、子、丑、寅」重疊呢。所以半夜三更、子夜、子時和半夜 11 點到凌晨 1 點等說法，其實都是指同一個時段，是那個睡到不省人事的深夜。

除了時辰之外，古代還有「刻」這個時間單位。刻源起於古代計時的「漏刻」，漏刻是一種水鐘，會固定滴水。因此每天只要看看水滿的程度，就可以換算出時間。最一開始，人們將裝水的容器分成100個刻度，表示一天有100刻，但後來變成96刻，你有想到為什麼嗎？（看看第13頁）這和法國革命鐘失敗的原因很像。當古人把時辰跟刻混合使用時，發現12時辰是100刻，1個時辰就是：100÷12 ＝ 8.333… 刻， 除不盡。後來才改制成96刻，1個時辰剛好是 8 刻。

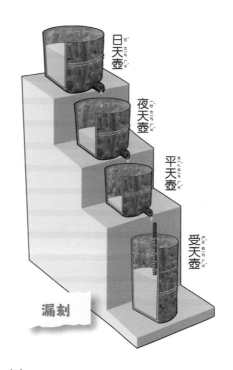

日天壺

夜天壺

平天壺

受天壺

漏刻

1個時辰有120分鐘，1刻就是120÷8 ＝ 15分鐘，符合現在的規則。這麼說來，如果穿越回古代，要趕去「午時三刻問斬」刑場救人，還得先確認一下這是使用100刻或96刻的朝代，才能看手錶找出正確的時間。

1 天有幾秒？

「1 天有幾秒？」看完故事後，如果有人問這個問題，你可以先反問他：「你是指現在的 1 天，還是法國大革命時的 1 天？」

我們的一天是：
1（天）× 24（小時/天）× 60（分/小時）× 60（秒/分）
= 86400 秒

法國大革命的一天是：
1（天）× 10（小時/天）× 100（分/小時）× 100（秒/分）
= 100000 秒

他一定會覺得你很厲害，不過在那之前，你可別忘記要怎麼正確的唸出 86400 跟 100000 這兩個數字。如果忘記了，可以用第一集教過的「每 4 位數畫 1 條底線」的方法，寫成 86400 秒與 100000 秒。這樣就能很快唸出來是八萬六千四百秒和十萬秒。

86400 秒 → 八萬六千四百秒

100000 秒 → 十萬秒

白熊提到：「時間的長度不會因為測量單位不同而有所變化。」你可以觀察超市裡的牛奶，有些品牌會用**「加侖」**、有些會用**「公升」**。但一瓶牛奶的容量永遠固定，不會因為包裝上的單位變了，就忽然變多或變少。因此，不管是 86400 的現代秒，還是 100000 法國革命秒，一天的長度不會改變。

100000 法國革命秒 ＝ 1 天 ＝ 86400 現代秒

　　有些人覺得：「不對，我睡著的時候，時間應該就沒有在動了。」但想想時鐘或漏刻，它們會在你睡著時停止運作、不再滴水嗎？孔子說過：「逝者如斯夫！不舍晝夜。」就是在告訴我們，時間像流水一樣，不管日夜都在前進。

超市裡的大罐牛奶大約是 2 公升，
你可以換算看看是幾加侖嗎？
（1 公升＝ 0.26 加侖）

60 分鐘輕鬆配

第一集提到進位，十進位是每 10 個一數：一、十、百、千、萬。每多 10 倍就有一個新的數詞、多增加一個位數。平常數錢、考試算分數都用十進位，十進位實在太好用，所以法國大革命時，法國人也想把十進位套入時間，讓一天有 10 小時，結果中午 12 點就變成 5 點。

你可以想想，如果今天學校教室裡掛了一個這樣的時鐘，你早上走進教室，抬頭看時鐘會是幾點？又是到幾點才能放學回家呢？

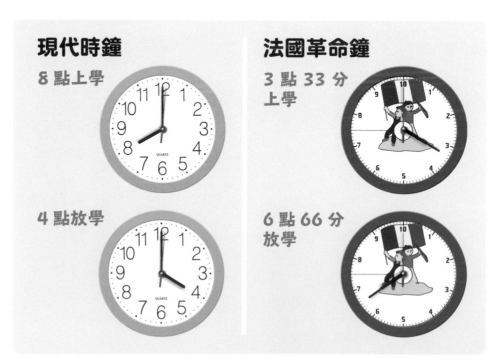

現代時鐘

8 點上學

4 點放學

法國革命鐘

3 點 33 分
上學

6 點 66 分
放學

法國時間革命的失敗理由除了習慣之外，另一個原因可能是不好用。

　　以「組合（乘法）」的概念，十進位真的很方便，動動手指就可以算出法國革命鐘的 1 天是 10 萬秒；而現在時鐘用到的六十進位和 1 天 24 小時所算出的 86400 秒，還真的有點討厭。但如果以「分割（除法）」來想，60 比 10 或 100 都比較容易被更多數字整除。

我們可以來算算看：

60 能被（1、2、3、4、5、6、10、12、15、20、30、60）
　　　　　共 12 個數字整除，其中包括了 1~6 等連續 6 個數字。

10 能被（1、2、5、10）　共 4 個數字整除。

100 能被（1、2、4、5、10、20、25、50、100）　共 9 個數字整除。

　　如果你很有耐心的算，在比 100 小的數字中，60 是能夠被最多數字整除的數了。還有兩個數字比 60 大一點，也能被同樣多的數字整除，你能想到嗎？

答案 72 跟 90。

23

法國大革命──
連時間都要革命

沒想到小哲跟法國人這麼有默契，發起一樣的時間革命。其實遠在三百多年前的法國大革命就有出現類似小哲設計的時鐘。法國大革命是因為法國人民長期受到貴族與教會統治壓迫，而引發長達 10 年的革命浪潮，當時所遺留下自由、平等和博愛思想，席捲了歐洲各地，甚至成

為我們現代的民主基礎。

法國大革命不僅想要推翻舊封建制度，也想要替時間和日曆制度好好革新一番。以時間來說，類似小哲的想法，1 天 24 小時被改為 10 小時、1 小時改為 100 分鐘、1 分鐘是 100 秒。甚至連 1 個星期都從 7 天變成 10 天。你一定很好奇，那法國人是不是還使用這樣的制度呢？想知道的話，就趕緊往下個章節讀下去吧！

2

第二章

切切切，
時間切三段

鳳凰露露伸出手讓大家冷靜一下：「接下來這1小時，請泥們把它平分成3段。首先打掃教室，再去搬課本，最後再來排座位。每1段的時間都要一樣多，行不行？」

「好啊！當然沒問題。」大家都拍著胸脯保證。只是，白熊看著老師的微笑，心裡卻有個警鐘噹噹噹的響，他發現……

「不可能。」白熊的手舉在半空中：「沒辦法平分。」

叮叮看著他：「對，100分鐘要平分成3段，每1段才33分鐘，還多1分鐘。」

小哲搖頭晃腦的說：「只差1分鐘，也沒差。」

鳳凰露露搖搖頭：「1小時差1分鐘，1天就差10分鐘，1個月就是300分鐘，1年就差了……」

叮叮的聲音，乾淨俐落響起來：「3650分鐘。」

「差好多～」很多孩子喊。

一年差
3650分鐘

「好吧，我把多的 1 分鐘再切 3 段，每段 33 秒，也就是 33 分鐘 33 秒，那就只差 1 秒了。」小哲很開心：「1 秒只有一下子，行了吧？」

　　白熊苦笑著：「1 年 3 千多秒好像沒什麼，但是 10 年、100 年呢？時間的規則一設計好，可是要用好多好多年。」

　　小哲嘆口氣：「100 分鐘果然不容易分成 3 段，」

切切切, 時間切三段

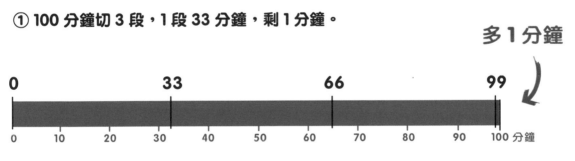

① **100 分鐘切 3 段，1 段 33 分鐘，剩 1 分鐘。**

多 1 分鐘

| 0 | 33 | 66 | 99 |

0　10　20　30　40　50　60　70　80　90　100 分鐘

② **1 分鐘再切 3 段，1 段 33 秒，剩 1 秒鐘。**

多 1 秒鐘

| 0 | 33 | 66 | 99 |

0　10　20　30　40　50　60　70　80　90　100 秒

鳳凰露露拍拍手：「原來的 60 分鐘設計，很容易分成 3 段，每 1 段 20 分鐘；也可以分成 6 個 10 分鐘，或是 12 個 5 分鐘。同樣的分法，100 分鐘只能分出 3 個 33 分鐘還剩 1 分鐘、6 個 16 分鐘還剩 4 分鐘，或是 12 個 8 分鐘還剩 4 分鐘。這樣分出來的分鐘數不好看，又剩下一些零散的時間無法處理。」

切切切，60 分鐘切多段！

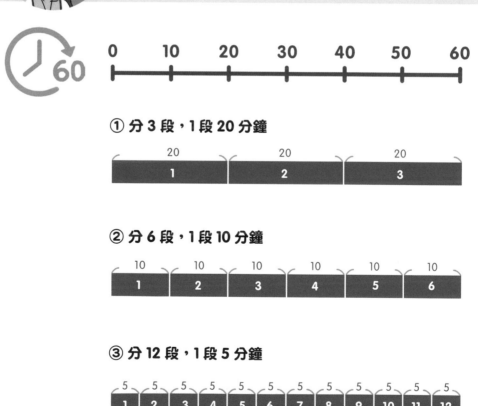

叮叮有疑問：「老師，那現在法國人用的時鐘……」

「跟窩們一樣，也是 1 小時 60 分、1 分 60 秒，因為 60 最好拿來分割。」

「原來我的革命不成功。」小哲吐吐舌頭。

切切切,100 分鐘切多段！

0　10　20　30　40　50　60　70　80　90　100

① 分 3 段，1 段 33 分鐘，多 1 分鐘

② 分 6 段，1 段 16 分鐘，多 4 分鐘

③ 分 12 段，1 段 8 分鐘，多 4 分鐘

掃好地、發好課本。排座位時，三愛的孩子眼睛瞪得又圓又大。

「還在轉。」

「真的還在轉。」

鳳凰露露放在桌上的陀螺從剛才轉到現在。

「它還會轉多久？」每個孩子心裡都在問。

鳳凰露露像是沒看見他們的好奇：「泥們在暑假都做了哪些事呢？」

「暑假呀？」一聊起暑假，三年愛班的孩子都想起那段長長的假期。

阿志到澎湖潛水，阿光跟阿嬤去拜拜，幾個小女生在暑假裡學了烘焙。

輪到小哲了：「我和爸爸去日月潭騎腳踏車，從水社暢快的騎完1圈，一共花了11個小時又13分。」

小哲一說完，全班的嘴巴張得大大的。

「11個小時？太厲害了！」

「小哲，你體力好強喔！沒想到腳踏車可以騎這麼遠。」

小哲洋洋得意的說沒什麼，但是叮叮有疑問：「請問你騎完是幾點幾分？」

「下午 4 點 23 分。」

「不可能。」叮叮搖搖頭。

「怎麼不可能？」

「照你的講法，你必須從凌晨 5 點 10 分就開始騎，你這麼愛睡覺的人，根本起不來。」

鳳凰露露笑盈盈的望著她：「叮叮，妳怎麼算得這麼快？」

「下午 4 點用 24 時制來表示，就是 4+12=16 點。16 點 23 分，扣掉 11 小時 13 分，一下子就算出來了。如果他說 11 小時 33 分，那還要借位，我可能會算得慢一點！」叮叮故意朝小哲吐舌頭。

「日月潭不大，11個小時都可以走完一圈了。」白熊笑呵呵的走上台：「我暑假跟爸爸媽媽做了一趟博物館之旅，從臺北歷史博物館出發，最後到臺東的卑南史前博物館。上個星期一晚上出門，這個星期日早上才回來。」

「好巧哦！」叮叮上個星期也和媽媽去國家公園裡瘋狂大露營：「我媽的早餐店太忙了，但是她說，平時再忙，暑假也要陪我去玩一玩。我們去了玉山和雪霸國家公園，星期二出發，星期日回來。」

「咦～」鳳凰露露問：「泥們的旅行時間差不多，誰玩得比較久呢？」

「沒有詳細的出發時間。」有人問：「怎麼算？」

叮叮補充：「我忘了出發和回來的時間，但記得出發比回來的時間還要晚。」

「他們兩個人回來都是星期日，但白熊是星期一出發、叮叮是星期二出發，那一定是白熊玩得比較久。」小哲很在意人家說他數學不好，這回說完，特別看看大家，發現很多人點頭，安心了。

「別忘了，這位白白的可愛小男生是週日早上回來喔。」鳳凰露露還不知道白熊的名字，說他可愛時，白熊的臉都紅了。

叮叮與白熊的
暑假出遊大作戰

雪霸國家公園

歷史博物館

玉山國家公園

卑南史前博物館

白熊在黑板上畫圖解釋：「星期二到星期六，我有 5 個整天在外頭，加上星期一晚上和星期日早上的一些時間，像我是晚上 9 點出發、早上 6 點回來，那就是 12 － 9 ＝ 3、3 ＋ 6 ＝ 9，總共 5 天 9 小時，不可能到 6 天。」

　　叮叮也到黑板上畫：「我的星期三到星期六是 4 個整天在國家公園。因為出發比回來晚，星期二待在外頭的時間加上星期日待在外頭的時間一定不到 1 天。如果是星期二下午 5 點出發，那天就有 7 小時在外面。星期日下午 4 點回來，那天就是 12 ＋ 4 ＝ 16 小時。這樣兩天加起來最多只有 23 小時，所以一定小於 5 天。」

　　「那就是白熊玩得比較久，但是……」小哲的手舉得好高好高：「他們坐在車上的時間呢？一個環島博物館、一個登山大露營，如果扣掉坐車上的時間……」

　　「我的老天呀，如果要這樣一直算下去，我真的會瘋掉。」

　　叮叮嘆口氣：「小哲，既然你腦筋這麼好，想到這麼有趣的想法，那還是請你慢慢研究吧。」

共 5 天 9 小時

MON 星期一	TUE 星期二	WED 星期三	THU 星期四	FRI 星期五	SAT 星期六	SUN 星期日

晚上 9 點出發 ——————————————————————————— 早上 6 點回家

12 － 9 = 3 小時	1 天	1 天	1 天	1 天	1 天	12 － 6 = 6 小時

共 4 天 23 小時

MON 星期一	TUE 星期二	WED 星期三	THU 星期四	FRI 星期五	SAT 星期六	SUN 星期日

下午 5 點出發 ——————————————————————————— 下午 4 點回家

12 － 5 = 7 小時	1 天	1 天	1 天	1 天	12 ＋ 4 = 16 小時

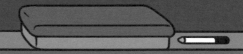

數感百科

這段時間有多長？

　　小哲誇口騎了 11 個小時的腳踏車，結果一下子就被叮叮拆穿。計算「經過多久」是時間單元中最困擾的部分。計算方式雖然跟兩地距離一樣，終點扣掉起點，但像是以下的題目：

早上
10:40 出發

下午
3:18 抵達

　　兩個時間跨越上下午，而且結束時間 3：18 的分鐘數，又比開始時間 10：40 小，計算特別麻煩。

　　這裡有兩個困難的地方。第一個是下午 3 點和上午 10 點該怎麼相減？第二個是 18 分和 40 分又該怎麼相減？第一個的解決方法是使用 24 小時制，讓下午 3 點變成 3 ＋ 12 ＝ 15。第二個則是加減法常用到的「借位」，把 15 時 18 分表示成 14 時 78（60 ＋ 18）分。這樣就變得很好計算了。

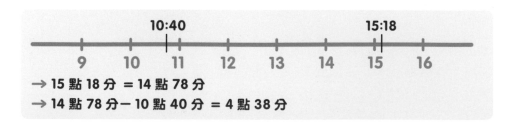

→ 15 點 18 分 ＝ 14 點 78 分
→ 14 點 78 分－ 10 點 40 分 ＝ 4 點 38 分

前面是很標準的計算方式，你還能想到別種算法嗎？除了跟小時借位，還可以在「開始時間旁邊再多一個時間點」。

同樣例子，起點是 10：40，終點是 15：18。先找另一個時間點是 11：00，結束時間 15：18 到 11：00 的長度很好算，是 4 小時 18 分鐘。而 11：00 比開始時間 10：40 晚 20 分鐘，所以要再增加 20 分鐘，是 4 小時 38 分。

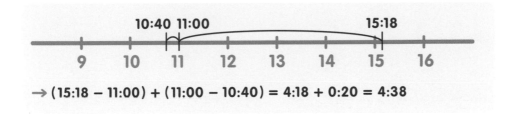

→ (15:18 − 11:00) + (11:00 − 10:40) = 4:18 + 0:20 = 4:38

同樣的，也可以在結束時間附近找一個時間，比方說 15：40。那 10：40 到 15：40 的長度是 5 小時，但 15：40 比正確結束時間慢 22 分鐘，再扣回去才是答案 4 小時 38 分。

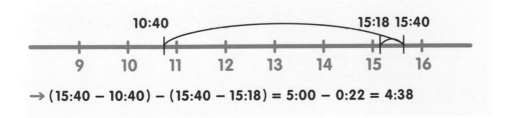

→ (15:40 − 10:40) − (15:40 − 15:18) = 5:00 − 0:22 = 4:38

時間的加減法跟平常四則運算的加減法很相似，只有「進位」的差別。許多數學知識其實很相似，透過舊觀念來理解新觀念，這樣才能融會貫通。

我花很多時間讀書,都沒有在玩!

你是不是覺得當學生真辛苦!成天都在讀書,好不容易可以休息,才玩一下就又得回去唸書、補習。學校也是差不多,上課40分鐘才下課10分鐘。偏偏爸媽或老師總是覺得你玩太多,讀太少。如果你怎麼抗議都沒效,就試試用數學說服他們。

平常在學校,扣掉早自習不算,從早上8:40開始第一堂課到下午4:00,你一共唸了幾小時的書、吃飯午休有多久以及還有多少時間玩耍呢?可以用左邊的課表算算看。

午別	時間始末	課程
上午	08:40 ~ 09:20	第一節課
	09:20 ~ 09:30	下課
	09:30 ~ 10:10	第二節課
	10:10 ~ 10:30	下課
	10:30 ~ 11:10	第三節課
	11:10 ~ 11:20	下課
	11:20 ~ 12:00	第四節課
下午	12:00 ~ 12:30	午餐
	12:30 ~ 13:20	午休
	13:20 ~ 13:30	下課
	13:30 ~ 14:10	第五節課
	14:10 ~ 14:20	下課
	14:20 ~ 15:00	第六節課
	15:00 ~ 15:20	整潔活動
	15:20 ~ 16:00	第七節課
	16:00 ~	放學

一天的下課與休息時間有多少？

早上

3 堂下課時間 ＝ 10 ＋ 20 ＋ 10 ＝ 40 分鐘

總共 80（分鐘）
＝ 60（分鐘）×1 ＋ 20（分鐘）
→ 1 小時 20 分鐘

下午

3 堂下課時間 ＝ 10 ＋ 10 ＋ 20 ＝ 40 分鐘

午餐與午休總共 80 分鐘 ＝ 60（分鐘）×1 ＋ 20（分鐘）→ 1 小時 20 分鐘。

一天上課時間有多少？

算法一

一天總共 7 堂課，1 堂課 40 分鐘 → 7×40 ＝ 280（分鐘）
＝ 4×60 ＋ 40 → 4 小時 40 分鐘。

算法二

計算從上午 8:40 到下午 16:00 的時間，總共 7 小時 20 分；
再減去下課、午餐和午休的時間
→ 7 小時 20 分 － 2 小時 40 分 ＝ 4 小時 40 分。

除了在學校以外，通常每周的作息時間也是固定的，你能把這樣的計算運用到學校之外的時間嗎？從周一到周日，計算有多少時間在唸書、多少時間是吃飯睡覺、多少時間是在玩呢？

叮叮的計算小訣竅
估算

　　你有沒有發現叮叮算數學的反應好快，一下子就算出暑假露營的時間，其實叮叮是用了一種數學的小技巧。很多時候我們不用非常精確的算出正確答案，只要一個大概就好，這就是**「估算」**。意思是「大概算一下」。

　　比方說跟爸爸去逛超市，你看到 5 個喜歡的零食，價格都落在 50 ～ 100 元之間。你大概算一下，很快就知道全部都買的話，需要 250 ～ 500 元。如果爸爸口袋裡有 1 張 500 元鈔票，那麼一定夠買；可是如果爸爸只有 2 張 100 元鈔票，錢就一定不夠了。

　　比起慢慢的、辛苦的把每一項零食的價格加起來，其實善用估算，就能在爸爸說出「身上帶的錢不夠」後，立刻判斷出爸爸是不是在找藉口囉。

第三章

線香和交響樂

下課了。小哲發現，鳳凰露露的包包沒拿走，而他的旋風戰鬥陀螺……

陀螺還在轉，從上上節轉到現在，它無聲無息的繞著鳳凰露露的包包轉著。

叮叮倒吸一口冷空氣：「看起來好詭異。」

這真的很神祕，即使現在是下課時間，操場上的笑聲不斷傳進來。但三愛的教室裡，這群孩子很安靜，他們想起鳳凰露露──莫名其妙的老師，有著奇怪的髮型，超大的耳環，還有這個閃著金光的……

「這包包簡直像是宇宙黑洞。」小哲不自覺把音量壓低：「那個法國革命鐘明明比她的包包還要大。」

二手炫紅跑車

1 +9

下課速度

YOYO 外國口音

2 +9

聽不太懂

超大閃電項鍊

3 +9

神祕

「就算能裝得進去，誰會出門帶個法國什麼鐘啊？」

「簡直像哆啦Ａ夢的百寶袋。」

大家說到這兒，眼光全鎖定在這個金色的大包包，恨不得打開它，瞧瞧裡頭到底還有什麼寶貝。

燒起來的紅髮

4

+9

燒焦味

無底洞金色包包

5

+999

作業簿空間

魔女尖頭高跟鞋

6

+9

身高

「這個陀螺……」阿志害怕的問。

「該不會轉一整天吧？」叮叮仔細看了半天，也看不出個所以然，她問小哲：「這真的是你的陀螺？它是不是有自轉功能？」

「自轉功能？」白熊忍不住笑了：「又不是地球，地球才自轉，轉一圈是一天。」

「繞太陽轉一圈好像叫做……」小哲在百科全書看過。

「公轉，公轉一圈有365天，是1年。」叮叮補充完，伸手在陀螺上一推，它竟然就停了，直立著，只靠著尖端站著，動也不動。

小哲忍不住把它拿起來：「跟原來的一模一樣啊。」

「1年了！」

白熊接過去，上下左右檢查一遍，沒發現什麼祕密。神奇的是，當他把陀螺放到桌子上，它又繞著老師的大包包轉起來。

　　「真的好神奇哦。」幾個女生讚嘆著。

　　「如果陀螺像地球，包包就是太陽。」白熊替大家解釋：「地球一邊自己轉，轉1圈是1天，轉了365圈後回來原點，那就是1年。」

　　那個陀螺像在回應他的話，他說完，陀螺也繞包包轉了一圈回來。

　　「1年了，1年了。」全班孩子興奮的大叫。

1年了！

小哲嘆口氣:「不不不,科學家有計算過,地球繞太陽一圈,其實是 365.25 天,還多了 0.25 天,所以每 4 年設了 1 個閏月,那一年的 2 月有 29 天。」

叮叮拍拍他的肩膀:「小哲,你腦袋變清楚了耶。」

小哲垂頭喪氣的:「別說了,我就是 2 月 29 日生的,每 4 年才能過 1 次生日,為了這件事,我查很多很多百科全書,希望是日曆印錯了。」

「結果呢?」大家都很好奇。

小哲悲憤的說:「還是 4 年吃 1 次蛋糕,我爸媽都說,這下省了很多買蛋糕和禮物的錢。」

「小哲,下回我生日,蛋糕請你吃。」白熊溫暖的手掌拍在小哲肩上。

「我也是,我最怕吃蛋糕了,你如果肯幫我吃,我每年的蛋糕都送你。」阿志一說完,全班都拍起手來。

每年多一點點的 365.25 天

明明是每年多 0.25 天,應該直接改成每年 2 月有 28.25 天啊!不過你想想那個 1.25 天,是不是變成一天 30 小時,好像更麻煩了。因此,我們才將每年多的 0.25 天,一併移到每 4 年的閏月。也就是第一年 365 天、第二年 365 天、第三年 365 天、第四年 366 天這樣循環下去囉。

小哲的閏年生日

哇！你有沒有覺得小哲好像很可憐，只有每 4 年才能過 1 次生日。那麼老師要考考你，如果小哲是民國 101 年 2 月 29 日出生，那麼小哲在三年級的時候，一共過了幾次生日呢？

我們可以翻閱日曆或是用加法計算知道，101 年後每隔 4 年，也就是 105 年和 109 年都是閏年，才會出現 2 月 29 日。小哲在這兩年可以各過一次 4 歲和 8 歲生日。而小哲在 109 年過 8 歲生日的時候，剛好是小學二年級下學期，所以在三年級的時候，一共過了 2 次生日。

猜猜看，小哲下一次過生日的時候，是不是還是小學生呢？
（假設出生時 0 歲）

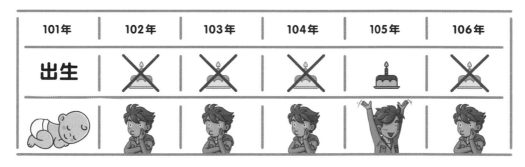

101年	102年	103年	104年	105年	106年

107年	108年	109年	……	？ 年

「哇，這真是好主意。」不知道什麼時候，鳳凰露露站在人群中，奇怪的是，她的耳環叮噹響，走進來時卻沒人聽見。

「我寧可吃自己的蛋糕，雖然4年才1次。」小哲依然憤憤不平：「為什麼要把時間的規則弄這麼複雜？」

鳳凰露露嘆口氣：「設計規則的人也想弄得簡單些。可惜，不管是泥們的地球繞太陽一圈，還是月球繞地球一圈，甚至地球的自轉都很複雜，無法用一個簡單的規則表示。數學家才會費盡心力去設計曆法，丈量時間。」

「你們的地球？」叮叮的眉毛挑了挑，她看看白熊。

白熊看著叮叮，他也聽出來了：「難道這不是老師的地球嗎？」

鳳凰露露的耳環噹噹響：「啊，窩一時口誤，對不起。窩的意思是說，這種要測一整年的時間太複雜，如果只想測一段時間的長度，那就容易了，像是窩喝一杯咖啡的時間，就能改完5份作業。」

叮叮笑著說：「我媽不喝咖啡，她用交響樂曲計算時間，聽1首交響樂曲，她可以做5份早午餐。」

「我阿公要我罰站，都是叫我站1炷香的時間。」有人說。

小哲突然笑了起來：「用線香的時間當1年就好了。」

「為什麼？」

「線香燒得快啊，燒完4炷香，我就可以吃到我的生日蛋糕了。」他苦中作樂的口氣，讓大家都笑了。

鳳凰露露突然問到：「窩想到1個問題，聽1首交響樂的時間，跟燒1炷香的時間，哪個比較快呢？」

　　「我覺得聽交響樂應該比較快，因為聽音樂時很開心，時間一下子就過了。」叮叮說。

　　「不是吧，每次音樂課一放交響樂，我就頭昏好想睡，覺得時間永遠過不完。」小哲搖搖頭：「我寧願看著線香燃燒，燒4根香，生日就到了。」

「你呀，光想到吃。」叮叮的話，讓大家都笑了。

看大家在討論，鳳凰露露拿起大包包：「等你們找到答案了，就到辦公室來找我。」

她站起來，像一陣風般走了，留下一股濃濃的香水味，而那個陀螺……

「陀螺停下來了。」好多個同學喊著。

小哲不死心，重新轉動它，但它就像個平凡的陀螺，轉沒多久又停了。那神奇的魔力，似乎隨著鳳凰露露消失了。

叮叮看著大家問：「好吧，到底是交響樂快，還是線香快呢？」

「當然是線香快嘛。」

「交響樂比較快。」

「自然科教室有線香，我去借。」有人說。

「音樂教室有錄音機，我找音樂老師幫忙。」也有人說。

「線香。」很多人喊：「一定有比較短的線香。」

「是交響樂！」更多人說：「我們去找時間很短很短的交響樂。」

白熊靜靜的站在一旁，什麼話也沒說。

小哲靠近他：「到底誰比較快？」

白熊笑一笑：「沒答案。」

「為什麼？」連叮叮都湊過來問。

「同一首音樂，喜歡的人覺得快、不喜歡的人覺得慢；相同的道理，線香有長有短、有粗有細，拿它們來比較太不科學了，所以人們才要發明分和秒，用來計算時間。」

小哲還是有點擔心：「數學會有沒答案的時候嗎？」

叮叮看了他一眼：「當然啊，像現在就沒答案。」

白熊笑了笑：「明天社團日，你們如果想找答案，要不要考慮參加數學社？」

「數學社？」小哲叫了一聲：「哪種怪咖會把研究數學當樂趣啊？」

「那可不一定哦。」白熊指指教室公布欄，不知道什麼時候被人貼了張金色海報，上頭寫著：「宇宙無敵數學社歡迎您的加入」。

宇宙數學社到底是什麼？叮叮、小哲、白熊會不會加入呢？
先別急著看下一集，後面更有趣的數感百科就要來囉！

一年到底有幾天？

1 年是指地球繞著太陽公轉 1 圈所需要的時間，根據天文學家觀察，約是 365.2422 天，比 365 天又多了 0.2422 天。這些小數該怎麼處理呢？於是曆法學家發明閏年，每 4 年有一次閏年，閏年是 366 天。因此，4 年總共有 365 + 365 + 365 + 366 = 1461 天，除以 4 是 365.25 天，比實際天數只多了 0.0078 天。

聰明的你，一定想到直接將多出來的 1 天除以 4，再加回 365 就得到 365.25 天。

$$(365 + 365 + 365 + 366) \div 4 =$$
$$365 + (0 + 0 + 0 + 1) \div 4 = 365.25 （天）$$

對一般人來說可能不太重要，10 年也只差 0.078 天。但對於一部想要使用很久很久的曆法，100 年會差上 0.78 天；或是換個角度想，1÷0.0078 約是 128 年，表示每隔 128 年就有 1 天的誤差。雖然是很久以後的事，但說不定將來有壽命增加兩倍的醫學技術。這樣的話，128 年後等你是老爺爺或老太太時，孫子要幫你慶祝生日大壽，就得叫他們延後一天慶祝。

地球繞太陽, 其實是 365.2422 天

為了解決這個 128 年後的問題，我們先回想閏年規則是能被 4 整除的年份。因此，西元 1900 年可以被 4 整除，應該是閏年。但 1900 年 2 月竟然還是 28 天！原來曆法學家還設計第二條閏年規則，讓 1 年的平均天數更接近 365.2422 天。

February 1900

SUN	MON	TUE	WED	THU	FRI	SAT
				1	2	3
4	5	6	7	8	9	10
11	12	13	14	15	16	17
18	19	20	21	22	23	24
25	26	27	28			

第二條規則是：雖然年份能被 4 整除，但如果又被 100 整除，就不能算閏年。

　　原本每 100 年有 25 個閏年（100÷4），套用第二條規則再扣掉 1 個閏年，只剩下 24 個閏年。每年平均天數變成 365 + 24÷100 = 365.24。新規則的結果跟真正的 1 年天數只差 0.0022，1÷0.0022 約是 454，也就是每 454 年才會有 1 天的誤差，是更精準的曆法。

　　依照這兩條規則，西元 2000 年應該就不是閏年囉！結果 2 月還是有 29 天，其實還有第三個規則！

February 2000

SUN	MON	TUE	WED	THU	FRI	SAT
		1	2	3	4	5
6	7	8	9	10	11	12
13	14	15	16	17	18	19
20	21	22	23	24	25	26
27	28	29				

第三條規則是：雖然年份能被 100 整除，但如果又被 400 整除，還是算閏年。

　　曆法學家依照這三條規則，計算出一年平均天數是 365.2425 天，只比實際天數差 0.0003 天。

數學家的舞台

　　天文與曆法是古代數學家發揮的舞臺，流傳許多精采事蹟。舉例來說，中國著名的學者祖沖之，在曆法跟數學上都有很了不起的成就。先來聊聊數學，祖沖之計算的圓周率非常精準，直到近千年後才有人比他算得更準確。圓周率是圓的周長除以直徑，任何一個圓的圓周率都一樣，是一個怎麼寫都寫不完的數字：

圓周率 = 3.14159265359……

　　祖沖之的圓周率計算概念是在圓的裡面，畫一個正多邊形，再來計算圓周率。他的計算結果約是 3.1415926，跟現在圓周率到小數點下第 7 位都一樣。要等到近千年後西方才有人打破這個紀錄。

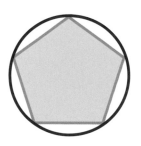 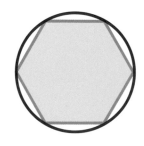 

祖沖之的方式就像是在圓的裡面, 放上一個多邊形, 如果這個多邊形的邊愈多, 是不是就愈接近圓的形狀。因此, 就可以求出近似圓周長度。

祖沖之的另一個貢獻是制定曆法「大明曆」，制訂曆法相當困難，不僅要掌握天體運行時間，還要想出一個簡單的制度（閏年、閏月）來調整日期，讓曆法符合實際情況，能長久使用。因此，天文觀測、曆法制度設計，也需要數學能力。

　　然而古代中國在曆法與政權、習俗傳統之間有著緊密的關聯。祖沖之雖然設計了很棒的大明曆，但受到當時其他大臣的反對，面對這些不理性的意見，祖沖之說了一句話：「非出神怪，有形可檢，有數可推。」

　　他的意思是，天文星象曆法跟神鬼沒關係，它們的形跡都可以被檢驗，都有數字可以推算。由此可知，祖沖之的數學和科學精神遙遙領先同時代的一般人。

我很厲害吧，而且我設計的大明曆，還可以預測月食發生時間。

數感遊戲
法國革命鐘

　　小哲跟白熊到叮叮家玩。走進叮叮的房間，小哲看見牆上的時鐘，立刻大喊：「你有法國革命鐘！」

　　小哲羨慕的追問，在哪才能買到一圈只有 10 個刻度的革命鐘。但不管苦苦哀求，叮叮都不肯透露。

　　「等等！為什麼！為什麼時鐘又變了！？」小哲從洗手間回來，發現牆上的時鐘變成了18 個刻度。叮叮對白熊吐了吐舌頭，白熊笑笑的什麼都沒說，只瞄了瞄叮叮藏在背後的雙手和一片鐘面。

遊戲道具 請從書末遊戲配件頁自行影印後剪取

❶ 時鐘鐘面卡 4 張

正常 12 刻度卡 1 張、法國
大革命 10 刻度卡 1 張、怪
怪 18 刻度卡 1 張以及空
白刻度卡 1 張。

正常 12 刻度卡　　法國大革命 10 刻度卡　　怪怪 18 刻度卡

❷ 時針分針各一

❸ 兩腳釘　※ 請自行準備。

遊戲玩法

依照下方步驟製作時鐘，就能回到法國大革
命時代，擁有革命鐘。或是替換成有著 18 刻度
卡的怪怪時鐘，想想看它有什麼優點？

❶ 沿著虛線剪下需要的時鐘紙卡及
　時針、分針紙卡。

❷ 將時針與分針紙卡和時鐘紙卡，
　用兩腳釘結合在一起。

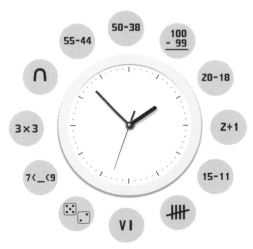

最後你可以使用空白刻度卡，活用各種
數學運算或前集學到的埃及數學符號，
設計一個獨一無二、專屬你的時鐘吧。

猜猜看，你知道這個時
鐘是幾點幾分嗎？

數感思考

　　親眼看見革命鐘有什麼感覺嗎？動手操作，感受「12小時比10小時好分割」是不是真的！

哪種鐘面刻度最好等分？

　　就像切蛋糕一樣，如果鐘面刻度能夠很容易做出不同的等分，就很方便作時間規劃。12小時在分成12等分、6等分、4等分、3等分或2等分時，每一等分都是整數個小時。先用12小時的鐘面，做出第一個6等分，時針會指在2點。這時候維持時針的位置，把鐘面換成革命鐘，看看是幾點呢？

　　同樣的，試試看4等分、3等分時，先用正常的鐘面把時針轉到第一個等分的位置，再換成革命鐘，你應該就可以感受到當年法國人的心情：「怎麼都不是整點，這個時鐘真不好用。」

18 刻度卡又有幾種等分法？每個等分都剛好是整點嗎？答案剛好和 12 個刻度一樣，有 5 種等分法，分別是 2 等分、3 等分、6 等分、9 等分與 18 等分。為什麼是這樣？除了 18 跟 12 刻度之外，想想看還有哪一種刻度也能這麼好分割嗎？

慢慢跑的時針

換回一般 12 刻度鐘面，把時間調整到 1：30，此刻的時針位在 1 點跟 2 點之間。如果以 12 點是 0 度、6 點是 180 度，你能看出時針與 12 點鐘之間的角度是幾度嗎？

你當然可以用量角器測量，但如果具備數感的話，就能像偵探一樣推理！從 12 點到 3 點經過 3 小時，相當於 180 分鐘，角度剛好是 90 度。從 12 點到 1：30 經過 90 分鐘，是 180 分鐘的一半。既然只過了一半的時間，時針自然也只走了 90 度的一半，也就是 45 度。

再思考一下：

① 如果把分針考慮進去，推理會不會變得更簡單呢？

② 你能推理出時針在 1：40 是幾度嗎？

給家長的數感叮嚀

本集的3大重點是：時間單位換算、比較時間長短、計算時間長度，恰恰對應了3年級「時間」和4年級「時間的計算」知識點。在計算以外，還有更多課本沒說的與時間相關的數學知識：1小時為什麼是60分鐘？法國大革命的1天10小時為何失敗？現今時間制度的形成，有許多「數學」上的便利因素。了解這些，更能讓小朋友知道數學的實用性。同時，本書也連結到前一集「一億以內的數」與下一集「單位」，甚至閏年提到了「小數」，都希望讓小朋友知道各種數學主題之間的緊密關聯。

好分配的 60 分鐘

和小朋友互動方面，家長不妨延續書中的情境，詢問：如果今天學校教室掛的是革命鐘，早上走進教室，抬頭看時鐘是幾點？又需要等到幾點才能放學？

早上 8 點整上學，革命鐘顯示：

8/24×10=3.333333……除不盡。介於 3 點 33 分 33 秒到 34 秒之間。

下午 4 點整放學回家，革命鐘顯示：

16/24×10=6.666666……除不盡。介於 6 點 66 分 66 秒到 67 秒之間。

注意，革命鐘的 1 分鐘有 100 秒

因為100不能被3整除，導致兩個時間點都無法精準表示。這又是一個很生活化的例子，讓我們感受到10進位的革命鐘不好用。

現行的時間單位：1分鐘60秒、1小時60分鐘，很容易分割。60可以被（1、2、3、4、5、6、10、12、15、20、30、60）共12個數字整除。上高年級後會學到，能整除60的整數稱為「60的因數」；同樣的，（1、2、5、10）稱為「10的因數」。很容易分割在數學上來說就是「有很多因數」。那麼，一個數字有幾個因數呢？小學生只能慢慢一個個數字嘗試，但如果家長記得「因數分解」這件事：

60 寫成：$60 = 2^2 \times 3^1 \times 5^1$

（指數＋1）相乘 → $(2 + 1) \times (1 + 1) \times (1 + 1) = 12$。

還記得這道公式背後的原因嗎（跟排列組合有關係）？ 就算忘記也不妨礙表現給小朋友看：挑一個數字，詢問能夠被幾個數字分割，然後在他們慢慢試的時候，直接帶公式說明答案。如此，他們便能感受到數學的威力。原本需要慢慢嘗試計算的問題，一瞬間就得出結果。

因數分解、因數個數公式是額外補充，不一定要告訴小朋友。當然，如果他有興趣的話，也可以慢慢引導。相信只要找過一次因數，小朋友對於「12」、「60」這些時間數字，就會有全新的感受。

進位制的知識讓時間計算變得簡單

本集介紹了好幾種計算時間長度的
方法。計算時間的原理跟一般加減
法一模一樣，兩者只有「進位制」
的差異。一道從10位數借位的減
法，一步步拆解過程如右：

$$33 - 19$$
$$= (20 - 10) + (13 - 9)$$
$$= 10 + 4$$
$$= 14$$

計算一段時間的長度亦然，結束點
時間是被減數，開始點時間是減
數；小時、分鐘可以分別看成是大
和小的位數：

$$15 : 18 - 10 : 40$$
$$= 14 :(60 + 18) - 10 : 40$$
$$= 14 : 78 - 10 : 40$$
$$= 4 : 38$$

由於時間是60進位，所以從小時到分鐘、分鐘到秒鐘的借位是「一次
多60」。用同樣的四則運算邏輯，檢視書中的另外兩個式子：

$$(15 : 18 - 11 : 00) + (11 : 00 - 10 : 40) = 4 : 18 + 0 : 20 = 4 : 38$$
$$(15 : 40 - 10 : 40) - (15 : 40 - 15 : 18) = 5 : 00 - 0 : 22 = 4 : 38$$

藉由插入一組整點時間，或一組分鐘相等的時間，來簡化計算。這樣補
上第三個數字的技巧，或許有些小朋友在學二位數加減法時，就曾無
師自通想出來：

$$33 - 19 = (33 - 20) + (20 - 19) = 13 + 1 = 14$$
$$33 - 19 = (39 - 19) - (39 - 33) = 20 - 6 = 14$$

這樣的對應，說明了為什麼在第一集要解釋進位制。因為只要懂進位，小朋友就能把以前學四則運算的經驗套用在時間計算。我們都同意，寫1張考卷用2個觀念或用10種公式，就算分數相同，前者的數學能力絕對優於後者。數學強調「融會貫通」，掌握不同公式、規則的共通之處。有些小朋友上國高中後數學變差，除了難度增加，也可能是因為，小學是憑著背題型與大量練習來維持成績，當國高中的題目多到背不完、練不完，沒學好數學的真相才會一次暴露出來。

最棒的時間應用題：規劃一趟旅行

比起習題或作業，不如讓孩子規劃一趟家庭旅行吧。只要告訴小朋友預計出發與回家的時間、各個景點參觀的時間長度等，再提供交通時刻表，就可以等著驗收成果了。更進階一點，提供不同交通工具的時間與預算等資訊，讓他們比較不同階段的移動，該用怎樣的交通工具組合。

讓孩子來規劃，一定會比家長做更耗時，但「時間管理」是很重要的能力，不僅限於旅行，日常生活也很需要；又能讓小朋友參與更多家庭事務。最重要的，把數學知識活用在生活中，這才是最棒的應用題。甚至鼓勵「本末倒置」一下，為了讓小朋友練習數學，來一場旅行吧。

數感小學冒險系列
套書企劃緣起

國立臺灣師範大學電機工程學系助理教授、
數感實驗室共同創辦人／賴以威

我要向所有關心子女數學教育的家長，認真教學的國小老師脫帽致意，你們在做一件相當不容易的事，因為根據許多國際調查，臺灣學生普遍不喜歡數學、對自己的數學能力沒信心，認為數學一點都不實用。這些對數學的負面情意，不僅讓我們教小朋友數學時得不斷「勉強」他們，許多研究也指出，這些負面情意會讓學習效果大打折扣。

我父親是一位熱心數學教育的國小教師，他希望讓大家覺得數學有趣又實用，教育足跡遍布臺灣。父親過世後，我想延續他的理念，從2011年開始寫書演講，2016年與太太珮妤一起成立「數感實驗室」，舉辦一系列給小學生的數學實驗課，其中有一些受到科技部的支持，得以走入學校。我們自己編寫教材，試著用生活、藝術、人文為題材，讓學生看見數學是怎麼出現在各領域，引發他們對數學的興趣，最後，希望他們能學著活用數學（我們在2018年舉辦的數感盃青少年寫作競賽，就是提供一個活用舞台）。

「看見數學、喜歡數學、活用數學」。這是我心目中對數感的定義。

2年來，我們遇到許多學生，有本來就很愛數學；也有的是被爸媽強迫過來，聽到數學就反彈。六、七十場活動下來，我最開心的一點是：周末上午3小時的數學課，我們從來沒看過一位小朋友打瞌睡，還有好幾次被附近辦活動的團體反應可不可以小聲一點。別忘了，我們上的是數學課，是常常上課15分鐘後就有學生被周公抓走的數學課。

可惜的是，我們團隊人力有限，只能讓少數學生參與數學實驗課。於是，我從30多份自製教材中挑選出10個國小數學主題，它們是小學數學的重點，也是我認為與生活息息相關。並在王文華老師妙手生花的創作下，合作誕生這套《數感小學冒險系列套書》。這套書不僅適合中高年級的同學閱讀。我相信就算是國中生、甚至是身為家長與教師的您，也能從中認識到一些數學新觀念。

本套書的寫作宗旨並非是取代學校的數學課本，而是與課本「互補」，將數學埋藏在趣味的故事劇情中，讓讀者體會數學的樂趣與實用。書的故事讓小讀者看到數學有趣生動的一面；「數感百科」則解釋了故事中的數學觀念，發掘不同數學知識之間的連結，和文史藝術的連結；再來的「數感遊戲」延續數學實驗課動手做的精神，透過遊戲與活動，讓小朋友主動探索數學。最後，更深入的數學討論和故事背後的學習脈絡，則放在書末「給家長的數感叮嚀」，讓家長與老師進一步引導小朋友。

過去幾年來，我們對教育有愈來愈多元的想像，認同知識不該只是背誦或計算，而是真正理解和運用知識的「素養教育」。許多老師和家長紛紛投入，開發了很多優秀的教材、教案。希望這套書能成為它們的一分子，得到更多人的使用，也希望它能做為起點，之後能一起設計出更多體現數學之美的書籍與活動。

王文華╳賴以威的數感對談

用語文力和數學力
破解國小數學之壁

不少孩子怕數學，遇到計算題，沒問題。但是碰上應用題，只要題目文字長些、題型多點轉折，他們就亂了。數學閱讀對某些孩子來說像天王山，爬不上去。賴老師，你說說，這該怎麼辦？

這是個很有趣的現象，我們希望小朋友覺得數學實用（小朋友也是這麼希望），但跟現實連結的應用題，卻常常是小朋友最頭痛的地方。我覺得這可能有兩種原因：

① 實用的數學情境需要跨領域知識，也因此它常落在三不管地帶。
② 有些應用題不夠生活化、也不實用，至少無法讓小朋友產生共鳴。

原來如此，難怪我和賴老師在合作這套書的過程，也很像在寫一個超級實用又有趣的數學應用題。不過你寫給我的故事大綱，讀起來像考卷，有很多時候我要改寫成故事時，還要不斷反覆的讀，最後才能弄懂。

老師的數學太專業了啦！

呵呵，真不好意思，其實每次寫大綱都想著「這次應該有寫得更清楚了」。你真的非常厲害，把故事寫得精彩，就連數學內涵都能轉化得輕鬆自然。我自己也喜歡寫故事，但看完王老師的故事都有種「還是該讓專業的來」的感嘆。

這並不是賴老師太壞心，也不是我數學不好，而是數學學習和文學閱讀各自本來就是不簡單，兩者加起來又是難上加難，可是數學和語文在生活中本來就分不開。再者，寫的人與讀的人之間也是有著觀感落差，往往陷入一種自以為「就是這麼簡單，你怎麼還不懂」的窘境。

小朋友怎麼從一個具象的物體轉換成抽象的數學呢？

➡ 當小朋友看到一條魚（具體）

➡ 腦中浮現一隻魚的樣子（一半具體）

➡ 眼睛看到有人畫了一條魚（一半抽象）

➡ 小朋友能夠理解這是一條魚，並且寫出數字1

大人可以一步到位的1，對年幼的孩子來講，得一步步建構起來。

而且賴老師，我跟你說：大人們總是覺得看起來簡單得要命的小學數學，為什麼小孩卻不會？

最大一個原因在於大人忘了他們當年學習的痛苦。

還有的老師或家長只一昧要求孩子背誦與解題，忽略了學習的樂趣，不斷練習寫考卷。或是題型長一點，孩子就亂算一通。最主要的原因是出在語文能力不足，沒有大量閱讀的基礎，根本無法解決落落長又刁鑽得要命的題型。

以色列理工學院的數學教授阿哈羅尼（Ron Aharoni）提到，一堂數學課應該要有三個過程：從具體出發，畫圖，最後走向抽象。小朋友學習數學的過程非常細微，有很多步驟需要拆解，還要維持興趣。照表操課講完公式定理也是一堂課，但真的要因材施教，好好教會小朋友數學，是一門難度很高的藝術。而且老師也說得沒錯，長題型的題目也需要很好語文理解能力，同時又需要有能力把文字轉譯成數學式子。

確實如此，當我們一直忘記數學就存在生活中，只強調公式背誦與解題策略，讓數學脫離生活，不講道理，孩子自然害怕數學。孩子分披薩，買東西學計算，陪父母去市場，遇到百貨公司打折等。數學如此無所不在，能實實在在跟數量打足交道，最後才把它們變化用數學表達出來。

沒有從事數學推廣前，我也不覺得數學實用、有趣。但這幾年下來，讀了許多科普書、與許多數學學者、老師交流後，我深信數學是非常實用的知識，甚至慢慢具備了如同美感、語感一樣的「數感」。我也希望透過這套作品，想要品味數學的父母與孩子感受到數學那閃閃發亮的光芒，享受它帶來的樂趣。

讓孩子喜歡數學的絕佳解方

臺灣大學電機工程系教授、PaGamO 創辦人／葉丙成

要讓孩子願意學習，最重要的是讓他們覺得學這東西是有用的、有趣的。但很多孩子對數學，往往興趣缺缺。即便數學課本也給了許多生活化例子，卻還是無法提起孩子的學習熱忱。

當我看到文華兄跟以威合作的這套《數感小學冒險系列》，我認為這就是解方！書裡透過幾位孩子主人翁的冒險故事，帶出要讓孩子學習的數學主題。孩子在不知不覺中，隨著主人翁在故事裡遇到的種種挑戰，開始跟主人翁一起算數學。這樣的表現形式，能讓孩子對數學更有興趣、更有感覺！

而且整套書的設計很完整，不是只有故事而已。如果只有故事，孩子可能急著看完冒險故事就結束了，對於數學概念還是沒有學清楚。每本書除了冒險故事外，還有另外對應的數學主題的教學，帶著孩子反思剛才故事中所帶到的數學主題，把整個概念介紹清楚，確保孩子在數學這一部分有掌握這次的主題概念。

更讓我驚豔的，是每本書最後都有一個對應的遊戲。這遊戲可以讓孩子演練剛才所學到的數學主題概念。透過有趣的遊戲，讓孩子可以自發地做練習數學，進而培養孩子的數感。我個人推動遊戲化教育不遺餘力，所以看到《數感小學冒險系列》不是只有冒險故事吸引孩子興趣，還用遊戲化來提昇孩子練習的動機。我真心覺得這套書，有機會讓更多孩子喜歡數學！

用文學腦帶動數學腦，
幫孩子先準備不足的先備經驗

彰化原斗國小教師／林怡辰

數學，是一種精準思考的語言，但長期在國小高年級第一教學現場，常發現許多孩子不得其門而入，眉頭深鎖、焦慮恐懼。如果您的孩子也是這樣，那千萬別錯過「數感小學冒險系列」。

由小朋友最愛的王文華老師用有趣濃厚的故事開始，故事因為主角而有生命和情境，再由數感天王賴以威老師在生活中發掘數學，連結生活，發現其實生活處處都是數學，讓我們系統思考、解決問題，再引入教具，光想就血脈賁張。眼前浮現一個個因為太害怕而當機的孩子，看著冰冷數字和題目就逃避的臉孔。喔！迫不及待想介紹他們這套書！

專對中高年級設計，專對孩子最困難的部分，包括國小數學的大數字進位、時間、單位、小數、比與比例、平面、面積和圓、對稱、立體與展開，不但補足了小學數學課程科普書的缺乏，更可貴的是不迴避正面迎擊孩子最痛苦的高階單元。最重要的是，讓喜歡文學的孩子，在閱讀中，連結生活經驗，增加體驗和注意，發現數學處處都是，最後，不害怕、來思考。

常接到許多家長來信詢問，怎麼在學校之餘有系統幫助孩子發展數學運思，以往，我很難有一個具體的答案。現在，一起閱讀這套書、思考這套書、操作這套書，是我現在最好的答案。

從 STEAM 通向「數感」大門！

臺南師範大學附設小學教師／溫美玉

閱讀《數感小學冒險系列》就像進入「旋轉門」，你能想像門一打開，數學會帶你到哪些多變的領域嗎？

數學形象大翻身

相信大部分孩子對數學的印象，都跟這套書的主角小哲剛開始一樣吧？認為數學既困難又無趣，但我相信當讀者閱讀本書，跟著小哲進入「不可思『億』巧克力工廠」、加入「宇宙無敵數學社」後，會慢慢對數學改觀。為什麼呢？因為這本書蘊含「數感」這份寶藏！「數感」讓數學擺脫單純數字間的演練、習題練習，它彷彿翻身被賦予了生命，能在生活、藝術、科學、歷史中處處體會！

未來教育5大元素，「數感」一把抓

以下列舉《數感小學冒險系列》的五大特色：

①「校園故事」串起3人冒險

有故事情節、個性分明的角色，讓故事貼近孩子的生活。

②「實物案例」數學也能在日常生活中刷存在感

許多生活中理所當然的日常用品，都藏有數學的原則。像是鞋子尺寸（單位）、腳踏車前後齒輪轉動（比與比例）等，從中我們會發現人生道路上，數學是你隨時可能撞見的好朋友。

③「創意謎題」點燃孩子求知心

故事中的神祕角色鳳凰露露老師設計了許多任務情境，當中巧妙融入數學概念的精神。藉由解謎過程，能激發孩子對數學概念的思考。

④「數感百科」起源/原理/應用一把罩

從歷史、藝術、工程、科學、數學原理等層面總結概念，推翻數學只是「寫寫算算」的刻板印象。

⑤「數感遊戲」動手玩數學

最後，每單元都附有讓孩子實際操作的遊戲，讓數學理解不再限於寫練習題！

STEAM的最佳代言人！

STEAM是目前國外最夯的教育趨勢，分別含括以下層面：
科學（Science）、科技（Technology）、工程（Engineering）、藝術（Art）以及數學（Mathematics）。但學校的數學課本礙於篇幅，無法將每個數學概念的起源、應用都清楚羅列，使孩子在暖身不足的情況下就得馬上跳入火坑解題，也難怪他們對數學的印象只有滿山滿谷的數字符號及習題。

若要透澈一個概念的發展歷程、概念演進、生活案例，必須查很多

資料、耗很多時間，幸虧《數感小學冒險系列》這本「數學救星」出現，把STEAM五層面都萃取出來，絕對適合老師/家長帶領高年級孩子共讀（中、低年級有些概念太難，師長可以介入引導）。以下舉一些書中的例子：

① **科學** Science
　「時間」單元的地球自轉、公轉概念。

② **科技** Technology
　科技精神涵蓋書中，可以帶著孩子上網連結。

③ **工程** Engineering
　「比與比例」單元的腳踏車齒輪原理。

④ **藝術** Art
　「比與比例」單元的伊斯蘭窗花、黃金螺旋。

⑤ **數學** Mathematics
　為本書的主體重點，包含故事中的謎題任務及各單元末的「數感百科」。

你發現了什麼？畢竟是實體書，因此書中較少提到「科技」層面，我認為這時老師/家長可以進行的協助是：

指導他們以「Google搜尋 / Google地圖」自主活用科技資源，查詢更多補充資料，比如說在「單位」單元，可以進行特定類型物件的重量/長度比較（查詢「大型動物的體重」，並用同一單位比較、排行）；長度/面積單位也可以活用Google地圖，感受熟悉地點間的距離關係。如此一來，讓數學不再單單只是數學，還能從中跨越科目進入自然、社會、資訊場域，這套書對於STEAM或素養教學入門，必定是妙用無窮的工具書。

增加「數學感覺」也是我平常上數學課時的重點，除了照著課本題目教以外，我也會時時在進入課程前期、中期進行提問（例如：「為什麼人類需要小數？它跟整數有什麼不同？可以解決生活中的什麼事情？」。在本書的應用上，可以結合這樣的提問，讓孩子先自己預測，再從書中找答案，最後向師長說明或記錄的評量方式，他們便能印象更鮮明。總而言之，我認為比起計算能力的培養，「數感」才是化解數學噩夢的治本法門，有了正向的「數學感覺」，才有可能點亮孩子對數學（甚至是自然、社會、資訊等）的喜愛，快用《數感小學冒險系列》消弭孩子對數學科的恐懼吧！

數感小學冒險系列

數感遊戲配件

時鐘鐘面卡4張

時針分針各一

12刻度鐘面卡

法國大革命鐘面卡

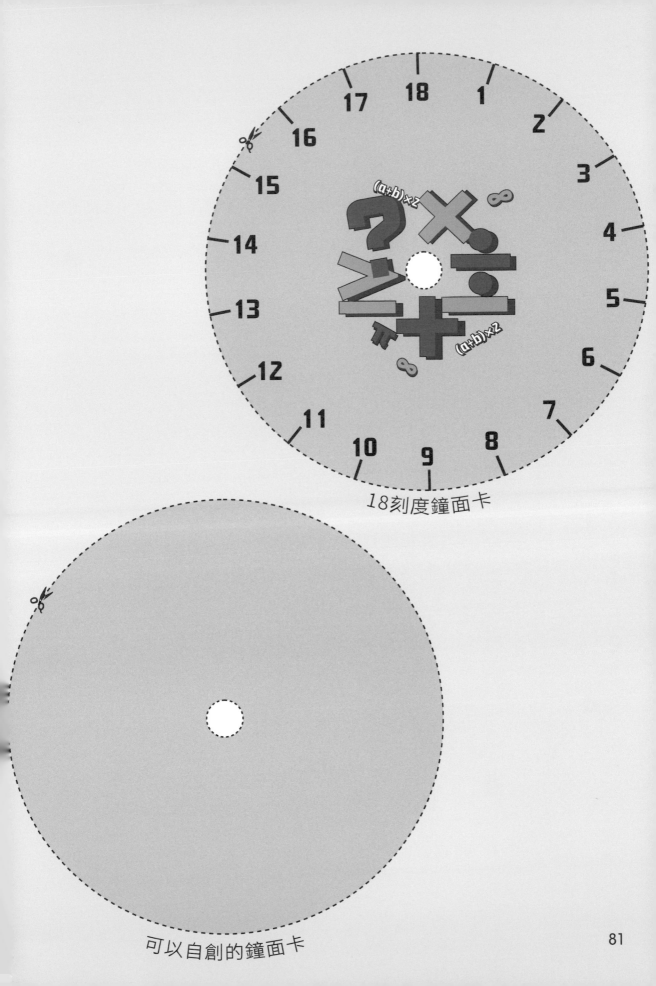

18刻度鐘面卡

可以自創的鐘面卡

●● 知識讀本館

作者	王文華、賴以威
繪者	BO2、楊容
照片提供	Shutterstock、維基百科

責任編輯	呂育修
文字編輯	高凌華
美術設計	洋蔥設計
行銷企劃	陳雅婷

天下雜誌群創辦人　殷允芃
董事長兼執行長　何琦瑜
媒體暨產品事業群

總經理	游玉雪
副總經理	林彥傑
總編輯	林欣靜
行銷總監	林育菁
主編	楊琇珊
版權主任	何晨瑋、黃微真

出版者	親子天下股份有限公司
地址	台北市 104 建國北路一段 96 號 4 樓
電話	(02) 2509-2800
傳真	(02) 2509-2462
網址	www.parenting.com.tw
讀者服務專線	(02) 2662-0332　週一～週五：09:00 ～ 17:30
讀者服務傳真	(02) 2662-6048
客服信箱	parenting@cw.com.tw
法律顧問	台英國際商務法律事務所・羅明通律師
製版印刷	中原造像股份有限公司
總經銷	大和圖書有限公司　(02) 8990-2588

出版日期	2020 年 4 月第二版第一次印行
	2024 年 4 月第二版第九次印行
定價	300 元
書號	BKKKC141P
ISBN	978-957-503-574-7（平裝）

訂購服務

親子天下 Shopping　shopping.parenting.com.tw
海外・大量訂購　parenting@cw.com.tw
書香花園　台北市建國北路二段 6 巷 11 號　(02) 2506-1635
劃撥帳號　50331356 親子天下股份有限公司

國家圖書館出版品預行編目 (CIP) 資料

旋風戰鬥陀螺的祕密 / 王文華，賴以威作；BO2，
楊容圖 . -- 第二版 . -- 臺北市：親子天下，2020.04
　面；　公分 . -- (數感小學冒險系列；2)

ISBN 978-957-503-574-7(平裝)

1. 數學教育 2. 小學教學

523.32　　　　　　　　　　　　　109003368

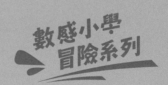

2 旋風
戰鬥陀螺的
祕密